RÈGLEMENT

RELATIF AUX SAISIES-ARRÊTS

PROCÉDANT EN VERTU DE LA LOI DU 12 JANVIER 1895

Voté par la Communauté des Huissiers de Lyon, dans son

Assemblée générale du 14 janvier 1897

et communiqué à Messieurs les Juges de paix de Lyon

lesquels en font application

RÈGLEMENT

RELATIF AUX SAISIES-ARRÊTS

procédant en vertu de la loi du 12 janvier 1895

Voté par la Communauté des Huissiers de Lyon, dans son Assemblée générale

du 14 Janvier 1897

et communiqué à Messieurs les Juges de paix de Lyon lesquels en font application

RAPPORT DE LA COMMISSION

Lyon, le 14 janvier 1897.

MESSIEURS ET CHERS CONFRÈRES,

Se conformant au mandat que vous lui avez confié, votre Commission a examiné avec soin les dispositions de la loi du 12 janvier 1895, relative à la saisie-arrêt sur les salaires et petits traitements des ouvriers ou employés.

J'ai l'honneur de vous déposer en son nom un rapport sur le résultat de cette étude.

Trois articles seulement de cette loi règlent les attributions ministérielles qu'elle nous conserve ; ce sont les articles 6, 8 et 15.

L'article 6 nous impose l'obligation de donner en tête de l'exploit de saisie-arrêt, sur original et copie, une copie, par extrait, du titre en vertu duquel est faite la saisie-arrêt, ainsi que la copie du visa donné sur ce titre par le greffier, ou copie de l'autorisation du juge suppléant au titre.

L'article 8 nous impose, sous peine d'une amende de dix francs, l'obligation de faire parvenir au Juge de paix, dans les huit jours de sa date, l'original de la saisie-arrêt.

L'article 15 dispose que cet acte sera donné sur papier non timbré et, tout en le laissant soumis à la formalité de l'enregistrement, le dispense de tous droits à cet égard.

La conséquence rationnelle, forcée, de ces dispositions est de nous conférer des droits proportionnés aux obligations qu'elles édictent.

La première ayant trait à la copie des titres en tête de l'exploit comporte forcément un droit de copie de pièces.

Quel devra donc être cet émolument ?

Lorsqu'il y aura lieu à des extraits de titres d'une longueur de plus de deux rôles de vingt lignes à la page et de dix syllabes à la ligne (conformément aux prescriptions de l'article 28 du tarif), ces rôles devant être calculés en double, puisque copie de l'extrait doit être donnée en tête de l'original et de la copie, seront comptés à 0 fr. 25 l'un.

Dans tous les autres cas le droit de copie de pièces y compris la copie du visa du greffier, sera de 1 franc.

Cependant, lorsqu'il s'agira de billets, reconnaissances ou effets de commerce, chaque titre supplémentaire donnera droit à une augmentation de cinquante centimes.

Il n'y a pas lieu de donner copie des protêts et lorsque cette formalité aura été remplie, il suffira de l'indiquer par le seul mot « protesté ».

La seconde, en nous imposant l'obligation du dépôt de l'original, aux mains du juge, nous confère indiscutablement, d'abord un droit de déplacement.

Il serait, en effet, souverainement injuste de vouloir obliger l'Huissier à une double course pour un seul émolument et cela d'autant plus qu'il arrivera fréquemment que la seconde course sera plus longue que la première ! Ainsi, par exemple, lorsque l'Huissier sera appelé à déposer son original dans une Justice de paix, distante de plus de cinq kilomètres de sa résidence, alors que le tiers saisi auquel il aura signifié la saisie-arrêt se trouvera au siège même de cette résidence. Ne serait-ce pas une iniquité d'obliger ce malheureux à aller gratuitement faire le dépôt de son exploit, alors que la signification d'un acte lui donnerait droit à une indemnité de transport en outre des émoluments de son acte ?

Or, l'argument s'applique évidemment avec la même puissance au cas du dépôt dans le lieu de sa résidence, c'est-à-dire lorsqu'il n'y a pas lieu à une indemnité de transport.

Quelques commentateurs de la loi prétendent, il est vrai, que l'Huissier n'est pas tenu d'aller porter lui-même son acte à la Justice de paix et que la loi, en lui imposant non pas « de déposer » mais « de faire parvenir », lui laisse la latitude d'employer tel mode de correspondance qui lui conviendra et qui, par conséquent, lui sera le moins onéreux, ainsi, disent-ils, il pourra se servir de la poste, ce qui est un mode facile et peu coûteux.

Voyons, est-ce bien sérieux ?

Comment, voilà un homme exposé à une amende trois fois plus élevée que les émoluments qui lui seront alloués pour la signification d'un acte, s'il n'a pas fait parvenir cet acte au Juge de paix dans les huit jours de sa date et l'on voudrait qu'il ne prenne pas autant de soins pour assurer l'arrivée à destination de l'original que pour la copie ?

Par la poste, mais comment ?

Serait-ce sous forme de papier d'affaires avec un affranchissement de 0 fr. 05 ?

Ou sous pli fermé avec l'affranchissement de 0 fr. 15 ?

Mais où serait donc, pour l'exposé à l'amende, la preuve de l'accomplissement de son obligation ?

Trouverait-on une garantie suffisante dans la recommandation du pli à la taxe de 0 fr. 40 ?

Evidemment non, car un pli, même recommandé, peut ne pas arriver, ou s'égarer, ou aller à une fausse destination ou arriver en retard.

Et il ne faut pas perdre de vue que les termes de la loi sont absolument impératifs; qu'il n'est pas même laissé au Juge la faculté d'apprécier les circonstances qui auront pu empêcher ou retarder l'arrivée de la pièce : c'est absolument brutal et sans atténuation possible, la constatation matérielle du défaut d'arrivée de l'original de la saisie-arrêt dans la huitaine et « l'amende sera prononcée par le Juge en audience publique » et ce, sans aucune espèce de recours, sauf celui de Cassation, lequel on le sait ne peut exister qu'en cas de vice de forme, ou de fausse interprétation de la loi, mais jamais sur l'appréciation du fait.

Donc, si la poste à laquelle le pli aurait été remis le septième ou sixième jour, pour un motif quelconque de force majeure ou autre, ne remet son pli que le neuvième, qui sera responsable de l'amende encourue?

Sera-ce le Ministre, le directeur du bureau qui aura reçu le pli, ou le facteur?

D'autant mieux qu'à côté du remboursement de l'amende qu'il aurait à payer au Trésor, le malheureux Huissier condamné, de par les termes rigoristes de la loi, pour un fait auquel il serait resté complètement étranger, aurait bien évidemment droit à quelques dommages-intérêts pour la réparation du préjudice inévitable résultant d'une condamnation qui constaterait un manquement aux devoirs professionnels; manquement certainement très grave aux yeux du public puisqu'il aurait motivé une amende.

Les conséquences étant aussi importantes, les Huissiers ne sauraient donc prendre trop de précautions et le seul mode pratique qui puisse garantir leur responsabilité, consiste dans la remise manuelle, effective de l'original par eux-mêmes ou un envoyé de leur choix.

L'envoi par la poste d'ailleurs ne serait qu'une diminution bien minime des frais, car il faudrait bien toujours se rendre au bureau de poste, attendre son tour pour faire recommander son pli et débourser le coût de l'affranchissement recommandé, car, raisonnablement on ne peut supposer un autre mode d'affranchissement.

Dans un cas, comme dans l'autre, l'Huissier a incontestablement droit à une indemnité de déplacement et de remboursement de ses débours.

Il nous parait équitable de les tarifer comme suit :

Chaque fois que la distance du déplacement donnera lieu à une indemnité de transport d'après le tarif général, c'est cette indemnité qui sera allouée comme taxe unique.

Lorsqu'il n'y aura pas lieu à indemnité de transport c'est-à-dire lorsque le déplacement aura été inférieur à cinq kilomètres, la taxe sera de un franc pour le dépôt de l'original.

Le second droit qui résulte pour l'Huissier des dispositions de l'art. 8, est évidemment le droit à un récépissé du dépôt de son original.

On ne comprend vraiment pas que ce droit ait pu soulever la moindre contestation, car le récépissé nécessaire à l'Huissier pour justifier l'exécution de l'obligation que lui impose la loi, nous parait le seul moyen qui puisse permettre au Juge d'asseoir la condamnation qu'il pourrait être appelé à prononcer si l'Huissier n'effectuait pas son dépôt dans le délai prescrit.

Sur quoi donc, en effet, s'appuierait le Juge pour prononcer une condamnation, lorsqu'il se trouverait en présence d'un Huissier disant : J'ai déposé au greffe, tel jour, et du greffier affirmant qu'il n'a rien reçu ou qu'il a reçu après l'expiration du délai ?

Nous supposons bien que personne n'oserait émettre la prétention injurieuse que l'affirmation du greffier devrait prévaloir.

En vain, insinuerait-t-on que l'Huissier menacé par l'amende aurait intérêt à taire la vérité, le greffier qui aurait égaré l'acte déposé, n'aurait-il pas un intérêt égal à nier le dépôt pour cacher sa faute, quand même elle ne tomberait pas sous le coup d'une amende ?

Et ne pourrait-il pas arriver encore que, tout en étant de très bonne foi, le greffier qui n'aurait pas inscrit, séance tenante, l'acte de l'Huissier, lequel se serait égaré depuis, ait même complètement oublié ce dépôt ?

Le récépissé est donc encore le seul moyen qui puisse mettre le greffier lui-même à l'abri de tout soupçon de faute.

Cependant on rencontre des greffiers qui refusent obstinément le visa sous le prétexte étrange qu'ils inscrivent immédiatement le dépôt sur le registre prescrit par l'art. 14 et que cette inscription est une garantie suffisante. C'est à n'y pas croire !

Mais ne pouvez-vous pas vous tromper, M. le greffier ?

Oseriez-vous affirmer qu'il ne vous arrivera jamais d'inscrire sur la page 18 ce qui appartiendrait à la page 16 ?

Et alors, quelle serait la conséquence ? C'est que sur l'affirmation de votre page 16, où rien ne figurerait comme dépôt, M. le Juge de paix devrait condamner à l'amende un Huissier qui aurait cependant bien fait son service et que lorsque vous vous apercevriez de l'erreur, il n'y aurait plus aucune espèce de recours possible contre le jugement qui aurait frappé un officier ministériel dans ses intérêts et surtout dans sa dignité professionnelle ; et alors vous seriez placé dans cette alternative également grosse de conséquences : ou d'avouer honnêtement votre faute et donner prise contre vous à une action en réparation du préjudice causé : ou de charger votre conscience du poids d'un remords bien lourd : celui d'avoir fait condamner un innocent !

Parmi les greffiers qui consentent à donner l'accusé de réception, quelques-uns émettent la prétention d'exiger l'apposition d'un timbre de quittance, aux frais de l'Huissier, bien entendu ; il y a là encore une exigence contraire à la loi et au bon sens : d'abord parce que l'art. 15 de la loi du 12 janvier 1895 dispense de tous droits de timbre toutes les formalités relatives à la saisie-arrêt et que dans tous les cas on ne pourrait raisonnablement soutenir que l'original de la saisie-arrêt, dont on donne récépissé, soit d'une valeur supérieure à dix francs ; tout au plus peut-on dire que sa perte entraînant une amende de dix francs, sa valeur est de cette somme ; or, même cette somme est exempte du timbre de quittance.

Il nous semble donc que, dans l'intérêt de l'Huissier comme dans celui du greffier et pour leur permettre à eux-mêmes, le cas échéant, une saine application de la loi, MM. les Juges de paix devront exiger que leurs greffiers donnent un accusé de dépôt de l'original de saisie-arrêt.

L'article 15, en édictant que la saisie-arrêt sera faite sur papier non timbré, oblige forcément l'Huissier à fournir le papier pour l'original et la copie.

Il est donc juste qu'il soit remboursé de ce débours qui ne peut, en aucun cas et pour aucun motif, être laissé à sa charge.

Il nous semble que la taxe de ce chef ne saurait lui allouer moins de 20 centimes.

A simple lecture, la loi précitée ne paraît comporter, pour l'Huissier, aucun autre droit dérivant de l'exercice de ses fonctions ; cependant il est incontestable que la conséquence même de la saisie-arrêt nécessitera un dernier acte qui demandera encore l'intervention de l'Huissier.

Nous voulons parler de la mainlevée.

Il arrivera maintes fois que le débiteur, frappé de saisie, se verra menacé de renvoi ; alors il fera tout le possible pour échapper à cette fâcheuse extrémité ; c'est-à-dire que, s'il le peut, il désintéressera son créancier ou, à défaut, essaiera de traiter amiablement avec lui. Dans ces deux cas, comme après règlement définitif par le tiers saisi, il faudra que mainlevée de la saisie-arrêt soit donnée entre les mains du patron, et en celles du greffier de la Justice de paix où sera inscrite la saisie. Comment devra être remplie cette formalité ?

La loi est absolument muette sur ce point ; elle ne prévoit, en effet, qu'un seul cas de mainlevée ; c'est celui où elle est prononcée par jugement (art. 9). Si le jugement est contradictoire, dit l'art. 10, il n'aura pas à être signifié, ce qui signifie que dès l'instant du prononcé du jugement la mainlevée aura produit son effet et que la saisie sera réputée désormais comme non existante.

Si le jugement est rendu par défaut, il faut distinguer si c'est le saisissant ou le tiers-saisi qui ont fait défaut. Si c'est le saisissant, le jugement, étant contradictoire vis-à-vis du tiers saisi, n'aura pas à lui être signifié, mais il devra l'être au saisissant. Si, au contraire, c'est le tiers-saisi qui fait défaut, c'est à lui seul que signification devra être faite. Et puis, c'est tout. Pour les cas d'entente avec le créancier ou de désintéressement de ce dernier, la loi de 1895 n'a rien prévu. Donc, dans ces cas, les formes de procéder restent forcément ce qu'elles étaient avant cette loi, c'est-à-dire la forme sous seings privés et la forme par ministère d'Huissier ; or, la forme sous seings privés présente de grands dangers de fraude, aussi devra-t-elle être entourée de sérieuses garanties, et, dans une circulaire en date du 5 novembre dernier, M. le Garde des Sceaux précise ce que devront être ces garanties : certification d'identité de la signature du créancier saisissant par l'Huissier qui aura signifié la saisie-arrêt ou légalisation de cette signature par le Maire ou le Commissaire de police. C'est qu'en effet le débiteur, frappé dans ses intérêts, pourrait chercher un moyen d'échapper aux effets de la saisie-arrêt en apportant au greffier une mainlevée signée par lui-même ou par un compère du nom du créancier. La certification par l'Huissier sera assurément une garantie suffisante, car il reconnaîtra son requérant de la saisie-arrêt ; mais la légalisation par le Maire ou le Commissaire ? Par quels moyens ces Messieurs s'assureront-ils de l'identité ?

L'Huissier seul semble donc désigné pour donner à la mainlevée toutes les garanties que réclame un acte de cette importance et la logique veut qu'il la signifie par exploit. En procédant ainsi, il donne la sécurité complète à toutes les parties en cause, y compris le greffier, absolument garanti par la copie qui reste en ses mains et dont la responsabilité entière repose sur l'Huissier notificateur. La mainlevée devra être signifiée par deux copies : l'une au tiers-saisi, l'autre au greffier, et en raison des responsabilités qu'entraîne la signification de cet acte, un visa sera requis du greffier.

Le coût de cet acte ne paraît devoir donner lieu à aucune contestation et se règle sur le tarif ordinaire : original, 2 francs ; deux copies à 0 fr. 50, égalent un franc ; visa du greffier, un franc ; débours, 0 fr. 20 ; soit, au total, 4 fr. 20.

Les droits ci-dessus étant l'exécution forcée de la loi, doivent indubitablement être à la charge du débiteur et une requête devra être présentée à Messieurs les Juges de paix pour les prier de vouloir bien adopter le présent tarif pour l'établissement de leurs taxes.

Mais à côté de l'exécution forcée de la loi, il y a l'exécution facultative de la partie de ses formalités absolument étrangères à nos fonctions ministérielles, qui peuvent être remplies par le créancier lui-même, mais qu'il laisse généralement à nos soins, dont les frais ne peuvent être, en aucun cas. imposés à la charge du débiteur.

Il y a lieu d'établir également pour ces diverses formalités une tarification uniforme.

Il s'agit d'abord de la requête à présenter à Monsieur le Juge de paix pour obtenir l'autorisation de saisir, lorsque le créancier n'a pas de titre. Cette requête doit être signée par le créancier et contenir l'exposé de la demande et la nature de la créance aussi succinctement que possible, avec adjonction des pièces à l'appui, de façon à permettre l'inscription immédiate sur le registre, conformément aux dispositions de l'article 7, dans le cas où, au moment de la présentation de cette requête, il existera déjà une saisie-arrêt.

Il ne saurait être réclamé moins de deux francs pour la rédaction et fournitures, ci............................... 2 fr.

Un franc pour la présentation à M. le Juge de paix.......... 1 fr.

Soit au total.   3 fr.

Si, pour un motif quelconque, une nouvelle démarche au greffe était nécessaire pour obtenir l'inscription comme opposant, il serait dû un second droit de vacation de un franc ;

C'est ensuite le visa à requérir du greffier lorsqu'il y a titre.

Cette vacation ne saurait être moindre de un franc.

Dans le cas où le greffier sera fondé à refuser le visa parce qu'il existera déjà une saisie inscrite, conformément aux dispositions de l'article 7, il y a lieu de procéder par voie de réclamation comme l'indique cet article.

Cette réclamation ou requête, qui devra être signée et déclarée sincère par le créancier et contenir l'exposé succinct de la demande avec détail de la créance et pièces à l'appui, donnera droit à :

1º Un émolument de rédaction et fournitures de.......... 2 fr.

2º Une deuxième vacation de......................... 1 fr.

Soit avec la première vacation infructueuse pour le visa un total de 4 francs.

Lorsqu'il y aura lieu à une réquisition conformément aux dispositions de l'article 9,

Cette réquisition sera signée par le requérant pour être remise au greffier chargé de la consigner sur le registre prévu par l'art. 14.

Cette formalité donnera droit à un émolument de rédaction et de fournitures de... 2 fr.

Une vacation... 1 fr.

Soit au total :   3 fr.

Il est bien entendu que tous ces émoluments seront à la charge personnelle de celui pour le compte duquel sera faite la formalité qui y donnera droit.

En résumé, nous proposons comme règlement de taxe :

A la charge du débiteur saisi :

Acte de saisie-arrêt :

Pour l'original... 2 fr.

Pour la copie... 0 50

Pour débours... 0 20

Pour droit de copie de pièces :

Lorsqu'il y aura lieu à extraits de titres d'une longueur totale de plus de deux rôles de vingt lignes à la page et de dix syllabes à la ligne ; les rôles devant être comptés en double puisqu'ils sont copiés sur l'original et sur copie calculés à raison de 0 fr. 25 l'un................................... Mémoire

Etant entendu que lorsque le titre sera un jugement, il ne devra être donné copie que du dispositif.

Lorsqu'il s'agira de billets, reconnaissances ou effets de commerce dont copie entière doit être donnée :

S'il n'y a qu'un titre, le droit total de copie de pièces, y compris la copie du visa du greffier, sera de................. 1 fr.

S'il y en a plusieurs, chaque titre en plus donnera droit à une augmentation de cinquante centimes.................... 0 50

Dans tous les autres cas, le droit de copie de pièces, y compris la copie du visa du greffier, sera de un franc......... 1 fr.

En plus de chacun de ces coûts, il sera compté le débours de 0 fr. 75 payé au greffier pour visa....................... 0 75

Pour vacation au dépôt de l'original :

Lorsqu'il y aura déplacement de plus de cinq kilomètres, l'indemnité de transport allouée par le tarif général.

Lorsqu'il n'y aura pas lieu à indemnité de transport, un franc... 1 fr.

Acte de Mainlevée :

Original... 2 fr.
Deux copies à 0 fr. 50............................... 1 fr.
Visa... 1 fr.
Débours.. 0 20

Total :   4 20

En cas de déplacement à plus de cinq kilomètres, droit de transport en sus.

A la charge du créancier ou de celui qui en donnera mandat :

Pour la requête à présenter à M. le Juge de paix à fins de saisie-arrêt :

Pour la rédaction.............. 2 »
Pour vacation.................. 1 »

Total............ 3 »

S'il y a lieu à deuxième démarche au greffe, pour obtenir l'inscription comme opposant dans le cas où, au moment de la présentation de la requête, on apprend qu'il existe déjà une saisie-arrêt :

2ᵉ vacation...................... 1 »

Pour réquisition du visa de M. le greffier lorsqu'il y a titre :

Vacation .... 1 »

Pour la réclamation ou requête à fins d'inscriptions sur le registre en qualité d'opposant à la suite de la saisie-arrêt :

Pour rédaction.................. 2 »

Pour vacation.................. 1 »

Total....... 3 »

Pour réquisition aux fins de validation ou d'invalidation de saisie-arrêt conformément aux dispositions de l'art. 9 ;

Pour rédaction .... 2 »

Pour vacation.................. 1 »

Total....... 3 »

Tels sont, Messieurs et chers Confrères, les résultats de l'accomplissement consciencieux de la mission que vous nous aviez confiée.

La Commission :

BONIFACE, RUFFIN, ESCOT.

Après un échange de quelques observations, l'Assemblée à l'unanimité adopte le tarif contenu dans le rapport qui précède et déclare qu'il servira de règlement à partir de ce jour.

Accords intervenus avec MM. les Greffiers de Lyon relativement à l'application du règlement qui précède.

Lorsque plusieurs titres seront présentés ensemble au visa pour une seule et même saisie-arrêt, le premier sera l'objet d'une perception uniforme de 0,75, et les autres d'une perception de 0,25 par chaque titre supplémentaire pour droits du Greffier.

Lorsque l'original de la saisie-arrêt n'aura pas été déposé au greffe de la justice de paix dans les vingt jours qui suivront la date du visa du titre, M. le Greffier considérera ce visa inexistant et en donnera un nouveau au créancier qui viendra le requérir.

Toutes les fois que la saisie-arrêt est faite en vertu d'un jugement il y a lieu d'indiquer dans la saisie-arrêt le montant des dépens liquidés audit jugement, les coûts de l'expédition, de la signification et autres actes constituant le total des frais dus par le débiteur en plus du capital au moment de la saisie-arrêt et en outre des frais de celle-ci.

Lorsqu'il sera donné mainlevée par exploit, il y aura lieu de compter en plus du coût revenant à l'huissier, tel qu'il est détaillé ci-devant, un franc pour les droits de M. le Greffier (réception de la copie de mainlevée, visa de l'original et radiation sur le registre).